# SIÉGE DE BOMARSUND.

JOURNAL DES OPÉRATIONS DE L'ARTILLERIE ET DU GÉNIE.

# SIÉGE

DE

# BOMARSUND

EN 1854.

---

JOURNAL DES OPÉRATIONS DE L'ARTILLERIE
ET DU GÉNIE.

Publié avec l'autorisation du Ministre de la Guerre.

PARIS,
LIBRAIRIE MILITAIRE, MARITIME ET POLYTECHNIQUE
DE J. CORRÉARD,
LIBRAIRE-ÉDITEUR ET LIBRAIRE-COMMISSIONNAIRE
RUE CHRISTINE-DAUPHINE, 1, PRÈS LE PONT-NEUF.
1855

*Lettre du général Niel au Ministre de la guerre.*

Monsieur le Maréchal,

J'ai rédigé, de concert avec le colonel de Rochebouët, un *Journal des opérations de l'artillerie et du génie contre la place de Bomarsund;* nous pensons qu'il sera lu avec intérêt par les officiers des deux armes. J'y ai joint un rapport détaillé sur la destruction de cette place; les effets de la poudre sur les maçonneries étant difficiles à prévoir dans chaque cas particulier, il importe de mettre à profit l'expérience qui en a été faite à Bomarsund sur une grande échelle.

J'ai l'honneur de vous soumettre ce travail et de vous prier de m'autoriser à le faire imprimer.

Veuillez agréer, monsieur le Maréchal, l'hommage de mon respectueux dévouement,

Le général de division,

(Paris, 14 décembre 1854.) NIEL.

*Lettre du Ministre de la guerre au général Niel.*

Mon cher général,

Avant de répondre à la lettre, du 14 de ce mois, par laquelle vous me demandez l'autorisation de faire imprimer le *Journal des opérations de l'artillerie et du génie contre la place de Bomarsund,* j'ai voulu me donner le plaisir de lire ce journal.

Ainsi que je m'y attendais, cette lecture a été pleine d'intérêt pour moi; et je ne doute pas que tous nos camarades de l'armée ne vous sachent beaucoup de gré de la publication d'un ouvrage dans lequel ils trouveront de précieux enseignements et d'utiles exemples. Vous êtes donc autorisé à faire imprimer le journal que vous avez rédigé de concert avec le colonel de Rochebouët.

Recevez, mon cher général, la nouvelle assurance de mon attachement,

Le maréchal ministre,

(Paris, 19 décembre 1854.) VAILLANT.

# SIÉGE

DE

# BOMARSUND.

Le corps expéditionnaire qui a été formé à Calais, au commencement du mois de juillet 1854, pour opérer dans la Baltique sous les ordres du général de division Baraguey-d'Hilliers, se composait de deux brigades.

La première, commandée par le général d'Hugues, était formée du 12e bataillon de chasseurs à pied, du 2e régiment d'infanterie légère et du 3e régiment d'infanterie de ligne.

La deuxième, commandée par le général Grésy, était formée des 48e et 51e régiments d'infanterie de ligne.

Le lieutenant-colonel de Rochebouët, commandant l'artillerie, avait à sa disposition une batterie à pied de 200 hommes, une demi-batterie de parc avec 46 chevaux, 4 canons obusiers de 12 approvisionnés à 400 coups, 6 canons de 16 approvisionnés à 1,000 coups, 2 mortiers de 0m,22, 2 mortiers de 0m,27 avec 1,500 bombes de chaque calibre, et 45,000 sacs à terre.

Le général de division Niel, en mission spéciale dans le corps expéditionnaire, commandait le génie. Une compagnie de sapeurs forte de 150 hommes, un détachement de sapeurs-conducteurs avec 16 chevaux de trait et quatre prolonges, 2,000 outils de terrassiers et 50,000 sacs à terre donnaient au service du génie des ressources analogues à celles de l'artillerie. Avec de si faibles moyens, on ne pouvait entreprendre que le siége d'une petite place. (*Voir* à la fin du *Journal* la composition du personnel du corps expéditionnaire.)

Les troupes d'infanterie du corps expéditionnaire, réunies à Calais, s'embarquèrent sur des vaisseaux anglais. Les troupes de l'artillerie, celles du génie, le matériel de ces deux armes, le personnel et le matériel de l'administration furent embarqués sur des bâtiments français. Le yacht impérial *la Reine-Hortense* fut mis à la disposition du général Baraguey-d'Hilliers et de son état-major.

Le 20 juillet, les derniers bâtiments et *la Reine-Hortense* quittèrent Calais. Le mouillage de Farö-Sund, dans l'île de Gothland qui appartient à la Suède, était indiqué comme point de ralliement à tous les vaisseaux. *La Reine-Hortense* l'atteignit le 27 juillet, après avoir touché à Elseneur (Helsingör), sur la côte danoise. Quoiqu'elle eut remorqué deux bâtiments de commerce, elle avait devancé presque toute la flotte portant le corps expéditionnaire.

Le général en chef ayant une mission pour Stockholm, *la Reine-Hortense* se dirigea vers cette capitale, où elle arriva le 29, à midi. Elle en repartit le 31 juillet au matin, et dans l'après-midi du même jour elle gagna le mouillage de Ledsund, au sud des îles d'Aland, où se trouvaient les deux amiraux Parseval-Deschênes et Napier avec la majeure partie de leurs flottes, et où dut se réunir tout le corps expéditionnaire.

Le 1er août, les deux amiraux, le général en chef, le général Niel, le lieutenant-colonel de Rochebouët et le général Harry Jones, commandant le génie sur la flotte anglaise, firent une reconnaissance par mer de la position de Bomarsund sur *le Lightning*, petit bateau à vapeur anglais. Les boulets russes tinrent le navire à distance; mais on put néanmoins se former une idée de l'ensemble de la forteresse de Bomarsund dont nous allons donner une description détaillée (*Voir* les dessins ci-annexés).

Les îles d'Aland, situées au 60e degré de latitude septentrionale, sont, comme la Suède et la Finlande, de formation granitique; des sapins, des pins et des bouleaux croissent sur les flancs des montagnes dont le sommet est généralement sans végétation. Ce n'est que dans les vallées qu'on trouve des pâturages, quelques champs de seigle et de pauvres hameaux. Les habitations, en assez grand nombre, qui entouraient Bomarsund ont été brûlées par les Russes, bien au-delà du rayon où la défense commandait ce sacrifice.

L'archipel d'Aland, qui sépare le golfe de Bothnie de la mer Baltique, se trouve réuni à celui d'Abo par une suite d'îlots et de rescifs qui rendent la navigation de ces parages fort dangereuse pour les grands bâtiments; mais les canonnières russes y circulent facilement, et l'on sait que des forces considérables sont réunies à Abo.

Au sud de Bomarsund se trouve la rade de Lumpar; elle est bien abritée, d'une bonne tenue et assez vaste pour contenir une flotte nombreuse, mais on n'y arrive que par des passes longues et étroites en circulant entre les îles de l'archipel d'Aland.

L'ouvrage principal de la forteresse de Bomarsund commande le détroit qui sépare la grande île d'Aland de celle de Prestö. C'est un immense bâtiment, situé au niveau de la mer, à deux étages de casemates et qui, en plan, présente à peu près la forme d'une demi-ellipse dont le grand axe a 290 mètres et le petit axe 100 mètres de longueur. Les casemates de la partie curviligne tournée vers la mer, au nombre de 62 à chaque étage, ont $16^{m},30$ de profondeur sur $6^{m},60$ de largeur moyenne. Celles de l'étage supérieur sont voûtées à l'épreuve de la bombe et recouvertes d'une couche de terre d'environ un mètre d'épaisseur. Au-dessus règne une toiture en tôle, traversée par des cheminées et percée de petites lucarnes. Dans la partie centrale de l'hémicycle, comprise entre les escaliers n$^{os}$ 2 et 6, les casemates communiquent entre elles au moyen d'une ouverture de 3$^{m}$,00 de largeur, pratiquée dans le milieu de chaque pied-droit; dans les extrémités, au contraire, les casemates s'ouvrent sur un corridor de 2$^{m}$,40 de largeur longeant le mur de façade intérieur. L'épaisseur de ce mur est de 1$^{m}$,05, mais celle du mur de façade extérieur est de 1$^{m}$,95. A partir des deux extrémités de l'hémicycle, les neuf premières casemates du rez-de-chaussée, servant de magasins, ont chacune deux créneaux percés dans le mur extérieur; à l'étage, elles ont deux fenêtres et servent de logements. Toutes les autres voûtes ont leur mur de façade extérieur percé d'une embrasure. Du côté de la cour, il y a deux croisées dans chaque casemate. Enfin les pignons des extrémités de l'hémicycle ont trois embrasures à chaque étage. On monte directement de la cour au premier étage au moyen de cinq rampes extérieures, vis-à-vis desquelles se trouvent, à l'intérieur, des escaliers faisant communiquer entre elles les casemates des deux étages; il y a, en outre, deux autres escaliers intérieurs desservant les casemates des deux extrémités de l'hémicyle.

Du côté de la terre, la gorge, qui suit à peu près

le grand axe de l'ellipse, est flanquée par un bâtiment en fer à cheval, établi au milieu de cette gorge et construit sur le même modèle que les parties extrêmes du grand hémicyle. Un escalier central extérieur et deux escaliers intérieurs établissent la communication entre le rez-de-chaussée et l'étage. Au rez-de-chaussée les deux casemates qui, de chaque côté, flanquent la gorge, sont percées d'une embrasure; les autres, servant de magasins, sont seulement crénelées. A l'étage six ou sept casemates ont des embrasures; les deux du milieu renferment la chapelle. Des deux côtés le fer à cheval est réuni aux extrémités de l'hémicycle par des pavillons d'officiers à deux étages, non voûtés et surmontés d'un toit en tôle. L'escalier de chacun de ces pavillons se trouve au milieu du bâtiment; les logements d'officiers s'ouvrent sur un corridor régnant le long du mur extérieur percé de créneaux. Les extrémités de chaque pavillon sont reliées au fer à cheval et aux pignons de l'hémicycle par des murs crénelés au milieu desquels se trouvent les portes d'entrée du fort.

Le parement extérieur de toutes les casemates se compose de gros blocs de granit affectant généralement la forme pentagonale. Les pavillons d'officiers, les pieds-droits de toutes les voûtes, les murs de façade intérieurs et ceux dans lesquels sont percées les portes sont construits en briques. Toutes les maçonneries, exécutées avec le plus grand soin, doivent être considérées comme de très-bonne qualité.

Le grand réduit est protégé à l'extérieur par trois tours placées à une distance de 800 à 900 mètres en avant, l'une située au nord, à l'extrémité d'une presqu'île, l'autre au sud-ouest, sur une hauteur d'où elle domine le réduit et la campagne; enfin la troisième, presqu'au niveau de la mer, sur une des pointes nord de l'île de Prestö. Ces trois tours sont semblables. Leur diamètre est de 42$^{m}$,90; elles sont percées de 14 embrasures et d'une porte aú rez-de-chaussée, de 15 embrasures au premier étage. L'intervalle qui sépare les embrasures est, en outre, percé de deux créneaux. Les casemates ont 7$^{m}$,80 de profondeur et 6$^{m}$,15 de largeur mesurée contre le mur de face extérieur. Celles de l'étage supérieur sont voûtées à l'épreuve de la bombe, recouvertes de terre et surmontées d'une toiture en tôle semblable à celle de l'ouvrage principal, et dont les lucarnes permettent aux tirailleurs de plonger au loin dans la campagne.

Toutes ces constructions, dont l'architecture est simple et imposante, sont assises sur des roches de granit complètement nues et très-tourmentées; ce n'est que dans les parties basses que l'on aperçoit de la végétation. Les rochers allant en s'abaissant du nord au sud, on voit au sud-ouest de Bomarsund de petites plaines cultivées, et un assez grand nombre de maisons d'habitation. Il est évident qu'on ne pourra pas faire de tranchées pour approcher des ouvrages, mais on a du moins la certitude qu'on pourra remplir des sacs à terre dans des parties de l'île voisines du point d'attaque.

Le 2 août, le bataillon de chasseurs à pied est envoyé dans une île boisée, voisine de Bomarsund, avec deux officiers du génie et tous les outils qu'on a pu se procurer sur la flotte, pour faire des gabions et des fascines.

On attend avec impatience la flottille française qui porte le personnel et le matériel des armes spéciales et de l'administration. Bien que la marine anglaise, qui a beaucoup de bateaux à vapeur, fasse tous ses efforts pour bloquer Bomarsund, le grand nombre des îles qui l'entourent fait craindre que l'ennemi n'y jette des secours, et les déserteurs font connaître, qu'en effet, on en promet tous les jours à la garnison.

Enfin, le 5 août, la flottille française arrive à Ledsund. La journée du 6 est employée à des transbordements indispensables, et le 7, les bâtiments arrivent successivement devant Bomarsund et viennent mouiller à la limite de la portée du canon de l'ennemi. Les soldats qui couvrent les ponts des vaisseaux, sur lesquels on les a entassés en attendant le débarquement, saluent la forteresse du cri de : *Vive l'Empereur!* Ce beau spectacle est de nature à frapper beaucoup l'imagination des Russes.

**8 Août.** A quatre heures du matin, les chaloupes remplies de nos soldats et remorquées par des matelots, s'approchent de la côte sur un point situé à environ 10 kilomètres au sud-ouest de la place, où les embarcations peuvent aborder facilement, mais qui est couvert d'arbres, circonstance qui serait favorable à la défense. Les troupes de la garnison qui auraient près de deux lieues à faire pour se porter sur cette partie de la côte, n'ont pas quitté la place et le débarquement s'opère sans résistance. Il y a lieu de s'en féliciter, car les soldats ne sortent que péniblement des chaloupes; leurs armes, leur sac, qui est très-lourd, et les baguettes destinées aux tentes-abris embarrassent tous leurs mouvements.

On trace immédiatement, à travers le bois, une route qui permet à l'artillerie de rejoindre la colonne des troupes débarquées, qui ont pris position au village de Tranvik.

Pour faire diversion, un débarquement de 3,000 hommes a été opéré au nord de l'île, à trois lieues de la forteresse de Bomarsund. Ces troupes composées de 800 Anglais et de 2,200 Français (infanterie de marine), sont sous les ordres du général Harry Jones. A quatre heures de l'après-midi, les deux colonnes font leur jonction à 2,000 mètres de la place, qui se trouve ainsi investie du côté de terre. Pour que l'investissement fût complet, il faudrait occuper l'île de Prestö par laquelle l'ennemi reçoit des nouvelles si ce n'est des secours. Les lacs qui s'étendent dans l'île à diverses distances autour de Bomarsund, forment naturellement des lignes de circonvallation et de contrevallation dont on profite en envoyant un demi-bataillon à Castelholm et quatre compagnies au passage de Sund. Le général Harry Jones couvre la gauche des assiégeants avec 2,000 hommes d'infanterie de marine française et 800 soldats anglais. Le général en chef établit son quartier-général au village de Södra-Finby.

**9 Août.** Les plans que l'on a pu se procurer sont fort inexacts, et quoique l'ennemi ne paraisse pas tenir la campagne, les reconnaissances sont difficiles à faire, à cause du canon des tours et des balles que les tirailleurs finlandais, placés dans les combles de ces tours, tirent avec précision jusqu'à de grandes distances. Les commandants de l'artillerie et du génie arrivent cependant à déterminer à peu près le point d'attaque, et la position des batteries.

On s'occupe à débarquer des vivres et du matériel, mais on manque de moyens de transport ; au moment de notre arrivée les habitants effrayés ont fui devant nous, emmenant avec eux les chevaux et les voitures qui abondent dans le pays. Les troupes de l'artillerie et du génie et des travailleurs d'infanterie sont employés a confectionner des gabions et des fascines.

**Nuit du 9 au 10 Août.** Les commandants de

l'artillerie et du génie, accompagnés de 100 chasseurs à pied, complètent les reconnaissances de la journée, et déterminent la position qu'on peut donner aux batteries, ainsi que les plis de terrain et les escarpements par lesquels on pourra arriver sur les lieux, et soutenir les travaux sans trop exposer les soldats aux feux de la place.

**10 Août.** Il résulte de ces reconnaissances que la tour du Sud (ou de l'Ouest par rapport à la forteresse) qui domine la campagne et le réduit de Bomarsund est la clé de la position ; que c'est sur elle qu'il faut diriger les premières attaques ; que pour s'en emparer, on pourra établir une batterie de 4 pièces de 16 et de 4 mortiers, à 600 mètres environ de la tour, sur un point d'où on la voit jusqu'au pied et qu'on peut aborder sans trop de difficultés ; que cette contre-batterie, en ouvrant les embrasures, détruisant les lucarnes, et inquiétant beaucoup les défenseurs par l'action des bombes, rendra les approches de cette tour beaucoup moins meurtrières, si même elle ne peut la réduire ; qu'une seconde batterie de 4 pièces de 30 prêtées par la marine, établie à 200 mètres sur un point qui a également été reconnu, ouvrira la tour si les revêtements en granit sont attaquables par l'artillerie ; que pendant que les Français attaqueront cette tour, les Anglais dirigeront leurs attaques sur celle du Nord qui a des vues sur les approches de la place ;

que dès que la tour du Sud sera prise, on se glissera vers la droite, pour aller établir des batteries de brèche formidables contre la gorge du grand réduit.

Lorsque ce plan d'attaque est discuté devant le général en chef, le général Jones exprime le désir de concourir à l'attaque de la tour du Sud, avant de diriger ses batteries contre celle du Nord. On accepte la proposition des officiers anglais, et le général en chef décide : que les Français construiront à environ 600 mètres de distance, la batterie de quatre pièces de 16 et celle de quatre mortiers, destinées à désemparer la tour du Sud ; que les Anglais construiront, contre la même tour, une batterie de quatre pièces de 32 tirées de leurs vaisseaux, à une distance de 400 ou même de 300 mètres s'il est possible ; qu'enfin, si cette batterie n'obtient pas un effet suffisant, les Français en construiront une troisième, située à 200 mètres et armée de pièces de 30 long empruntées à leur marine.

Le général en chef, craignant de manquer de vivres, ordonne que toutes les voitures de l'artillerie et du génie seront employées à en transporter du point de débarquement aux bivacs des troupes. L'arrivée du matériel des deux armes se trouve ainsi retardé d'une journée.

**11 Août.** Des sacs à terre et des outils étant arrivés, on rapproche les avant-postes de la place, et, à cinq heures du matin, on commence, avec 300 travailleurs d'infanterie, à remplir des sacs à terre, en arrière du point que doit occuper la batterie n° 1. (*Voir la feuille de dessin n° 2.*)

**12 Août.** Dans la nuit du 11 au 12 août, les sapeurs aidés de 300 travailleurs d'infanterie, construisent, sur l'emplacement de la batterie n° 1, un masque à l'épreuve des balles et de la mitraille, formé par deux rangs de gabions remplis et surmontés de sacs à terre. Pendant toute la journée du 12, l'artillerie travaille en arrière de ce masque à compléter sa batterie. Les pièces de 16 sont établies sur le rocher par gradins, et le sol des plates-formes est nivelé avec des sacs à terre. La batterie de mortiers est placée un peu plus à gauche et quelques mètres plus bas.

L'ennemi ayant aperçu le lieu où l'on travaille y dirige un feu continuel qui en rend les approches dangereuses.

**13 Août.** Pendant la nuit du 12 au 13, on réunit les deux batteries par une communication qui, sur quelques points, a pu être creusée dans le sol. On en établit une semblable en arrière, et l'on fait avec des sacs à terre un logement pour nos troupes à 250 mètres en avant de la batterie n° 1. Ce logement établi dans un petit défilé boisé par lequel on peut s'approcher de la tour, se relie sur la droite à des escarpements de rochers qui couvrent nos gardes de tranchée des feux de l'ennemi et nous servent de parallèle.

L'artillerie qui, pendant la nuit, a armé la batterie nº 1 de quatre pièces de 16 et de quatre mortiers, ouvre son feu à 4 heures 1/2 du matin. Les premiers coups des Russes contre cette batterie sont heureux ; trois de nos pièces sont atteintes, mais bientôt notre batterie, très-bien servie, prend une grande supériorité sur l'ennemi, et fait plusieurs coups d'embrasures. Quoique les boulets se brisent contre le granit, les blocs du parement s'ébranlent, les joints s'ouvrent, et sur le soir on aperçoit, à l'aide de bonnes lunettes, des fissures qui se forment aux angles des embrasures. D'un autre côté le tir des mortiers s'est bien rectifié ; un bon nombre de bombes tombent sur la tour et semblent y gêner beaucoup la défense; les toitures très-endommagées sont abandonnées par les tirailleurs. Nos chasseurs à pied, embusqués derrière les rochers et couverts par des sacs à terre, tirent sans cesse dans les embrasures.

Le général Harry Jones fait connaître que la batterie nº 2 ne pourra être établie qu'à 600 mètres environ de la tour. Cette batterie sera armée de pièces de 32 (29 livres de France) qui ne peuvent être tirées qu'à une charge de 6 livres de poudre, égale au cinquième du poids du boulet. Ces circonstances font craindre que la garnison ne s'enhardisse par la pensée que le granit résiste à l'action du boulet, et nous décident à construire dans la nuit la batterie n° 3 qui, armée de pièces de 30 tirant avec la charge du tiers, et située à 200 mètres de la tour, ne peut manquer de produire de grands effets. Pendant qu'on reconnaissait l'emplacement de cette batterie, la tour cesse son feu et arbore un pavillon blanc. Après avoir fait approcher et embusquer dans les rochers quatre compagnies d'élite, le général commandant le génie s'abouche avec l'officier russe commandant la tour, et arrive ainsi jusqu'au revêtement d'où l'on peut juger que les douze heures de tir de nos huit bouches à feu ont produit de grands ravages. Le commandant de la tour demande deux heures de répit, pour prendre les ordres du gouverneur de la forteresse; on lui en accorde une, et, aucune réponse n'étant parvenue à l'expiration de ce délai, on reprend le feu avec une nouvelle ardeur.

**Nuit du 13 au 14 Août.** Pendant la nuit on construit en sacs à terre la batterie n° 3. Les Anglais de leur côté construisent la batterie n° 2, de sorte qu'au point du jour les défenseurs de la tour aperçoivent deux nouvelles batteries élevées contre eux.

**14 Août.** A quatre heures du matin le feu de la tour a presqu'entièrement cessé, et on remarque que la garnison est peu nombreuse; des chasseurs à pied et des sapeurs y courent, et, pénétrant par une embrasure du rez-de-chaussée, ils font prisonniers le commandant de la tour, deux officiers et 32 soldats. Le reste de la garnison, composée de 140 hommes, s'était jeté dans la place.

La batterie n° 1 de 4 pièces de 16, située à 600 mètres de la tour, a été construite et servie par la 4e batterie du 1er régiment, son feu a duré 14 heures et elle a tiré environ 350 coups. La batterie de 4 mortiers a été construite et servie par la 1re compagnie d'artillerie de marine, son feu a commencé et fini en même temps que celui de la batterie des pièces de 16, et elle a lancé 240 bombes.

Quand l'ennemi nous voit maîtres de la tour du Sud, il y jette des bombes qui blessent quelques-uns de nos soldats et produisent tant de dégâts sur les maçonneries déjà ébranlées, que nous sommes forcés de l'évacuer. Bientôt le feu prend à la toiture, et se communique aux blindages intérieurs et aux approvisionnements de bois qui étaient entassés dans une partie de la cour. La fumée et la flamme sortent par les embrasures. Un officier d'artillerie déclare, après avoir visité les lieux, qu'il y aurait grand danger à évacuer les poudres, attendu qu'il s'en trouve dans toutes les casemates. On se voit donc forcé de s'éloigner de la tour et de la laisser brûler.

La prise de la tour du Sud nous a rendus maîtres de toutes les positions qui dominent la place du côté de l'ouest, mais la tour du Nord prend des revers dangereux sur le terrain où l'on devra établir les batteries de brèche contre le grand réduit. Il est en conséquence convenu que les Anglais retourneront contre la tour du Nord la batterie qu'ils avaient élevée contre celle du Sud; que pendant le temps qu'ils la battront en brèche, nous nous glisserons par la droite, en profitant de tous les accidents du terrain, pour arriver à établir une puissante batterie de brèche contre la gorge du fort; enfin, que les Anglais, après avoir pris la tour du Nord, s'avanceront de même sur le réduit, notre but commun étant de démoraliser la garnison en ruinant la gorge du fort, et d'éviter ainsi un assaut qui serait très-meurtrier, si les Russes avaient assez de résolution pour se défendre dans une immense cour circulaire dont tous les feux convergeraient sur les assaillants.

Dans la journée, on démolit les travaux qui ont été faits contre la tour du Sud, pour y prendre les gabions et les sacs à terre, et on reporte tous les moyens d'attaque sur la droite, derrière des rochers et une grande caserne en construction, qui nous protégent contre les feux de la place.

**Nuit du 14 au 15 Août.** On débouche de l'extrémité Est de la caserne en construction, et l'on fait un cheminement de 100 mètres, en gabions et sacs à terre, vers la gorge de la place, en cherchant à se défiler de la tour du Nord. L'artillerie établit, sur un point abrité des feux de la place, et à 800 mètres de la gorge, une batterie de 4 mortiers et de 2 obusiers de 22 centimètres. Cette batterie est destinée à envoyer des projectiles dans la place jusqu'à la fin du siége, ou du moins jusqu'au moment où l'on aura pu la rapprocher de la gorge.

**15 Août.** La batterie de mortiers et d'obusiers n° 4 ouvre son feu à 8 heures du matin La place et la tour du Nord nous envoient beaucoup de boulets et de mitraille, mais les rochers nous abritent, et nos chasseurs à pied, bien embusqués et couverts par des créneaux en sacs à terre, tirent dans les embrasures et dans les lucarnes, d'où les tirailleurs finlandais font un feu très-gênant. Deux pièces de campagne nouveau modèle, placées à 7 ou 800 mètres dans les rochers, tirent aussi sur la gorge du réduit en changeant de place après chaque coup. Enfin, plusieurs vaisseaux des deux flottes, embossés à environ 2800 mètres, joignent leur feu à celui des batteries de terre. La canonnade devient des plus vives, et la place en souffrirait beaucoup si, à cause de la grande distance, une partie des obus de la flotte, qui sont d'ailleurs parfaitement dirigés, ne tombaient en dehors de ses murs. On remarque surtout la grande portée et la justesse des coups d'un boulet plein de 80 livres, tiré par le bateau à vapeur que montait l'amiral anglais Shads.

Les Russes relèvent tellement la bouche de leurs pièces, pour atteindre les vaisseaux qui tirent sur le fort, qu'ils font tomber presque toutes les plates-bandes des embrasures.

Dans la matinée l'incendie a gagné les poudres de la tour du Sud; elle saute et est presqu'entièrement détruite par l'explosion. Nos troupes se rapprochent alors de cette tour dont on craignait les éclats.

Dans la soirée, la tour du Nord, ouverte par la batterie anglaise n° 2, cesse son feu et hisse un pavillon blanc.

La batterie n° 2, armée de 3 pièces de la marine anglaise du calibre de 32 (29 livres ou 14$^k$, 509 de France), se trouvait à 870 mètres de la tour du Nord. Elle a tiré 487 boulets et 45 obus en 8 heures, et ce tir a été aussi remarquable par sa précision que par sa rapidité (22 coups par heure et par pièce); la charge n'était que de 6 livres, un peu moins de 1/5$^e$ du poids du boulet.

La tour a été complètement ouverte dans tout l'espace compris entre deux embrasures; il aurait suffi d'agrandir un peu la brèche par sa partie inférieure, pour la rendre facilement praticable.

Les canonniers russes se sont fait remarquer aussi par leur adresse et leur intrépidité ; les trois pièces anglaises ont été endommagées par les boulets de la tour, et après la chûte des maçonneries les Russes servaient encore leurs pièces, à découvert dans l'intérieur des casemates.

La tour du Nord prenait des revers dangereux sur la gorge du grand réduit. Dès qu'elle a cessé son feu on s'empresse de choisir l'emplacement d'une première batterie de brèche de 4 pièces qui plongera la gorge du fort, à une distance d'environ 400 mètres. La nuit suivante on pourra en établir une seconde de même force. Ces batteries renfermeront à elles deux 6 pièces de 30 et les deux obusiers de $0^m,22$ qui se trouvent actuellement dans la batterie n° 4.

Dans la soirée, l'amiral Parseval fait occuper l'île de Prestö par l'infanterie de marine; la place se trouve ainsi complètement investie.

**16 Août.** Pendant la nuit on a élevé le masque en gabions et sacs à terre qui couvre la batterie de brèche contre les feux de la place. L'artillerie construit en toute hâte le coffre et les plates-formes de cette batterie, qui doit être armée dans la nuit. Le feu de la batterie de mortiers et d'obusiers continue toujours. Ses projectiles et les coups plongeants de nos chasseurs à pied gênent beaucoup la défense; nous avons cependant plusieurs blessés parmi les soldats qui transportent les sacs à terre.

Dans l'après-midi, la forteresse de Bomarsund hisse le pavillon blanc. Les amiraux et le général en chef s'y transportent. Deux bataillons français entrent dans la grande cour, où ils se rangent en bataille devant la garnison russe. On envoie sommer le commandant de la tour de Prestö qui a une garnison de 140 hommes et 18 canons; il se rend aussi.

La batterie n° 4, composée de 2 obusiers de 0m,22 et des 4 mortiers provenant de la batterie n° 1, a ouvert son feu dans la journée du 15, et l'a continué jusqu'au moment où la place a capitulé. Cette batterie a lancé 230 obus et 300 bombes. Les obusiers étaient servis par l'artillerie de terre et les mortiers par l'artillerie de marine.

Le général Bodisco, gouverneur de Bomarsund, déclare que son conseil de défense a été surtout impressionné par la construction de la batterie de brèche qui a été élevée si rapidement pendant la nuit contre la gorge du fort. De notre côté, nous sommes frappés des préparatifs qui avaient été faits pour recevoir l'assaut. Toutes les croisées qui donnent sur la cour sont barricadées par des bois et des sacs de farine qui ne laissent d'autre vide que ceux des créneaux pour les feux d'infanterie. Si la garnison avait eu assez d'énergie pour soutenir l'assaut, elle nous aurait fait éprouver de grandes pertes, mais elle avait prévu le sort qui l'attendait si nos soldats eussent dû l'enlever de vive force.

Le nombre des prisonniers qui ont défilé devant nos troupes et des blessés trouvés dans le fort s'élève à 2,400.

Cent-seize bouches à feu et 3 mortiers étaient en batterie dans la forteresse et dans les tours ; 78 canons, paraissant avoir appartenu à la Suède, sont sur chantiers ; enfin on trouve encore dans la cour 7 pièces de campagne prêtes à être attelées.

L'approvisionnement en poudre, en projectiles de toute espèce et en vivres est considérable. La prise de Bomarsund est incontestablement un échec qui sera vivement senti par l'empereur de Russie.

La rapidité des attaques et leur succès sont dûs principalement à l'emploi des sacs à terre, et aux anfractuosités des rochers, qui ont été bien étudiées et dont on a pu profiter pour remplacer les cheminements qui étaient impossibles, car on était presque partout sur le roc nu. Au moyen de gabions placés sur deux rangs, remplis et surmontés de sacs à terre, on établissait un premier masque derrière lequel on construisait ensuite les batteries avec une rapidité qui déconcertait l'ennemi, car il ne pouvait prévoir le point où elles devaient être élevées, et lorsqu'il les apercevait, au point du jour, elles étaient déjà à l'abri de ses coups.

C'est aux mêmes causes qu'on doit attribuer la faiblesse de nos pertes qui, malgré le grand feu d'artillerie fait par la place, ne se sont élevées qu'à 85 tués ou blessés. Malheureusement, au moment où le siége se terminait, le choléra qui envahit le corps d'armée nous enleva en peu de jours plus d'un quinzième de nos soldats.

On peut voir par le dessin n° 2 annexé à ce journal que les constructions qui existaient à Bomarsund ne formaient qu'une partie de celles qui étaient projetées ou en cours d'exécution. Cette vaste forteresse, élevée à grands frais et si menaçante pour les puissances voisines, avait été entreprise lorsque l'empereur Nicolas, n'étant encore que grand-duc, se trouvait à la tête du corps du génie russe, et elle se continuait comme elle avait été commencée, suivant les idées de l'empereur. Ses maçonneries ne devant être sur aucun point couvertes par des masques en terre, on ne peut contester que tout le système de la défense reposait sur cette supposition que les gros blocs de granit qui formaient les parements des murs extérieurs résisteraient à l'action du canon. Les défenseurs de Bomarsund ont dû éprouver un grand mécompte lorsqu'ils ont vu les boulets de 16 et les bombes ébranler si fortement les maçonneries de la tour du Sud, et les boulets de 29 ouvrir en brèche la tour du Nord à une distance de plus de 800 mètres (1).

Le siége de Bomarsund prouve une fois de plus, ce qu'on a toujours admis en France, que les maçonneries, quelle que soit leur qualité, ne peuvent

(1) Lorsque la destruction de la forteresse fut décidée, les officiers de la marine anglaise demandèrent qu'on laissât debout 6 casemates du réduit, afin qu'ils pussent étudier l'action du boulet sur les maçonneries avec parement de granit.

Un vaisseau s'embossa à 1,000 yards (915 mètres) du mur de masque des casemates, et tira pendant deux heures par coups isolés, puis par salves. Les boulets ne produisaient que peu d'effet sur la maçonnerie. Le vaisseau se rapprocha et vint se placer à 500 yards (458 mètres) du pas résister à l'action des pièces de gros calibre placées à bonne portée, et que les formes circulaires, qui conduisent nécessairement à des feux divergents, sont celles qui laissent le plus d'avantages à l'attaque.

L'évacuation des îles d'Aland, que les deux amiraux et le général en chef avaient proposée d'un commun accord à leurs gouvernements, ayant été décidée, le général commandant le génie reçut l'ordre de détruire la forteresse de Bomarsund.

De toutes les constructions élevées avec tant de soins et à si grands frais par la Russie, il ne reste plus aujourd'hui qu'un monceau de ruines.

Les côtes de la Finlande sont couvertes par une ceinture d'îlots et de rescifs à travers lesquels les bâtiments qui ont un fort tirant d'eau ne peuvent pas pénétrer, tandis que les chaloupes canonnières des Russes, conduites par des pilotes qui ont une connaissance parfaite de ces parages, peuvent circuler

---

mur; il fit un feu bien soutenu en tirant par bordées de ses deux ponts, et après une heure de tir le mur tomba en ruines.

A cette dernière distance le premier coup de canon ne fut tiré que 24 minutes après que le vaisseau eût jeté l'ancre, et dans l'opinion de l'amiral Napier, des officiers de la marine anglaise et du général Harry Jones, qui assistaient à ces expériences, une telle opération n'aurait pas été praticable sous le feu de l'ennemi ; le vaisseau et l'équipage en auraient trop souffert.

entre les rochers et longer la côte sans craindre les vaisseaux de guerre. Mais pour passer du golfe de Bothnie dans celui de Finlande, les chaloupes doivent contourner la presqu'île d'Hangö et traverser la rade qui se trouve à son extrémité. La rade d'Hangö a, par suite, une grande importance militaire. Les Suédois avaient construit les deux forts de *Gustafsvärn* et de *Gustave-Adolphe*, et plusieurs batteries pour défendre cette rade; les Russes avaient perfectionné ces ouvrages et augmenté le nombre des batteries; mais frappés de l'échec qu'ils venaient d'éprouver à Bomarsund et prévoyant que le corps expéditionnaire leur enlèverait cette position, ils se décidèrent à faire sauter eux-mêmes toutes les fortifications qui défendaient la rade d'Hangö. L'amiral Parseval et le général en chef venaient en faire la reconnaissance le 27 août, à bord du *Phlégéton*, lorsque cette destruction s'accomplit sous leurs yeux.

Cet événement, difficile à prévoir, mit fin aux opérations que pouvait entreprendre le corps expéditionnaire de la Baltique.

Nous ne terminerons pas ce journal sans rappeler la grande part qui revient aux flottes alliées dans le succès des opérations dirigées contre Bomarsund. Le corps expéditionnaire fut sans cesse approvisionné par la flotte; les matelots traînaient gaiement leurs pièces de gros calibre sous le feu de la place, et si la garnison n'a reçu que de faibles secours, si le siége n'a pas été troublé par les Russes qui se trouvaient en force à Abo, on le doit aux deux marines qui maintinrent, avec la plus grande vigilance, le blocus de l'île d'Aland au milieu du labyrinthe que forment les îlots qui l'environnent.

# DESTRUCTION

DE

# LA FORTERESSE

DE BOMARSUND.

---

Le général en chef, conformément aux instructions qu'il avait reçues, donna l'ordre de faire sauter la forteresse de Bomarsund.

Cette opération ne présentait pas de difficultés pour les tours, mais il n'en était pas de même pour le grand réduit qu'il importait de détruire assez complètement pour que la Russie, en remettant le pied dans les îles d'Aland, ne trouvât plus à Bomarsund que des ruines impossibles à réédifier.

On a vu que cette vaste construction se composait

de quatre parties bien distinctes : le grand hémicycle, le fer à cheval, et les deux pavillons d'officiers. Les casemates de l'hémicycle et du fer à cheval étaient jonchées de débris de toute sorte parmi lesquels se trouvaient des cartouches, des capsules, des gargousses et beaucoup d'obus chargés. La poudre était répandue partout et mêlée à plusieurs milliers de sacs de farine que les Russes avaient utilisés pour se barricader contre nos projectiles, et dont on faisait une distribution journalière aux habitants de l'île, que le blocus des flottes alliées avaient jetés dans la misère.

Le moyen le plus simple et le plus assuré de détruire les constructions de Bomarsund était certainement de préparer un nombre de fourneaux suffisant, puis de leur donner le feu par groupes successifs, de telle sorte que l'explosion de l'un de ces groupes venant à manquer, on eût le moyen d'y mettre de nouveau le feu, avant de passer aux fourneaux suivants. C'est ainsi que nous venions de voir procéder les Russes à Hangö où ils avaient détruit, par une série d'explosions, les deux forts de Gustafsvärn et de Gustave-Adolphe, et les trois batteries qui défendaient la rade. Mais les explosions successives présentaient ici un inconvénient grave, par la grande quantité de bombes et d'obus chargés qui étaient répartis dans les diverses casemates, et qu'on ne pouvait pas transporter au milieu des poudres répandues sur le sol, sans des précautions que les circonstances dans lesquelles nous étions ne permettaient pas d'employer; enfin, la toiture en charpente qui régnait sur toutes les casemates pouvait prendre feu aux premières explosions, et propager l'incendie avec rapidité du côté des fourneaux auxquels on n'aurait pas encore donné le feu. Le général en chef trancha d'ailleurs la question en décidant que les distributions de farine auraient lieu jusqu'à la veille de l'embarquement des troupes et qu'il ne s'écoulerait ainsi que quelques heures pendant lesquelles la forteresse serait à la libre disposition des officiers du génie.

On se trouva donc dans la nécessité de faire partir tous les fourneaux en même temps; mais pour cela il fallait nécessairement compasser les feux, ce qui exigeait un développement de près de 2000 mètres de saucisson ou de cordeau porte-feu. Or on était totalement dépourvu de saucisson et on n'avait que 400 mètres de cordeau. On se mit immédiatement à l'œuvre pour faire du saucisson avec de la mauvaise toile qu'on trouva dans le fort et des soldats qui n'avaient aucune habitude de ce travail. Le saucisson devait être employé le plus possible sous les voûtes pour être à l'abri des intempéries et de l'effet des explosions; le cordeau porte-feu, dont l'inflammation est à peu près instantanée, devait être placé dans la cour au dernier moment. On sait que ce mode de transmission du feu est sujet à présenter des ratés, et que, pour assurer le succès d'une explosion, il est prudent de doubler le cordeau; mais on en avait trop peu pour prendre cette précaution qui, comme on le verra plus bas, aurait évité de grands dangers aux officiers et aux sous-officiers qui furent chargés de mettre le feu.

Quant au nombre et à la position des fourneaux on éprouvait de grandes difficultés pour les déterminer. On n'avait que des données fort incertaines sur la résistance qu'offriraient de grosses maçonneries liées entre elles sur une si grande longueur et présentant deux étages de voûtes; la large ouverture qui était pratiquée dans le milieu des pieds-droits, et qui mettait en communication toutes les voûtes d'un même étage, présentait aux gaz un passage qui atténuerait nécessairement leur effet; enfin, le temps et les moyens de transmission du feu nous manquant, il fallait éviter le double écueil de trop multiplier les fourneaux, ce qui n'aurait pas permis de terminer le travail au moment de l'embarquement des troupes, et de n'en pas faire assez, ce qui aurait rendu la destruction incomplète.

Telles sont les considérations qui nous déterminèrent à adopter le système suivant :

1° Pour la tour de Prestö, restée parfaitement intacte, qui devait sauter la première, à la vue des deux armées, et dont nous tenions à obtenir la destruction complète et pour ainsi dire classique, on répartit les 3000 kilogrammes de poudre trouvés dans la tour en six fourneaux *a*,*b*,*c*,*d*,*e*,*f*, ainsi que le montre le dessin n° 3 fig. 2. Ces poudres étaient renfermées dans des gargousses qui furent simplement entassées sur le sol des casemates, dont préalablement toutes les ouvertures furent solidement bouchées. Les six saucissons, d'égale longueur, destinés à communiquer le feu aux fourneaux, aboutissaient tous à un tas de poudre versé en $x$, au milieu de la cour. Un bout de cordeau porte-feu $gx$, permettait de mettre le feu de l'extérieur de la tour, au moyen d'un morceau de mèche anglaise $hg$. On disposa, en outre, dans la cour un grand bûcher F, mis en communication avec le tas de poudre $x$, par un bout de saucisson. Ce bûcher avait pour but de produire un incendie qui devait, au besoin, achever de détruire la tour et mettre le feu à ceux des fourneaux qui n'auraient pas joué. Le feu fut donné aux poudres le 30 août, à quatre heures du soir. Cette tour, d'une magnifique construction, fut soulevée majestueusement; et, quand la fumée des poudres se fut dissipée, on ne vit plus à sa place qu'un monceau de ruines. Ce beau spectacle frappa beaucoup les soldats qui témoignèrent leur admiration par des applaudissements, et il méritait le suffrage des mineurs, car les cinq fourneaux jouèrent si bien qu'aucun éclat ne fut projeté au loin, et que l'on comptait à peine quelques grosses pierres à 50 ou 60 mètres de la tour.

2° Pour la tour du Nord, on essaya de ne mettre que 1,700 kilogrammes de poudre, répartis en cinq fourneaux. Les poudres, fournies par le service de l'artillerie française, étaient renfermées dans des barils de 100 et de 50 kilogrammes; ces barils furent défoncés à leur partie supérieure et juxta-posés sur le sol, au milieu des casemates. Sauf cette différence et l'omission du petit fourneau *f*, on a adopté les mêmes dispositions que dans la tour de Prestö. L'explosion eut lieu le 31 août, à neuf heures du matin. L'effet ne fut pas aussi satisfaisant en apparence que pour la tour de Prestö; quelques pans de murs restaient debout, notamment auprès de la brèche faite par les Anglais, où le fourneau *c* avait laissé subsister un secteur comprenant deux casemates. Mais ces casemates étaient fortement ébranlées, et le feu acheva de les ruiner. La destruction était assez complète pour rendre toute reconstruction impossible; le but qu'on se proposait était donc atteint, toutefois la quantité de poudre employée devait être regardée comme un minimum.

Nous ne parlons pas de la tour du Sud, qui avait été endommagée par nos boulets, et dont les bombes russes avaient à peu près achevé la destruction en mettant le feu aux poudres qu'elle contenait, ainsi qu'il a été dit plus haut.

3° Pour le grand réduit de la forteresse, on s'arrêta au système de fourneaux qui est indiqué sur le dessin n° 3, fig. 1.

Le capitaine Barrabé fut chargé de l'exécution détaillée de ce travail important qui présentait des difficultés de toute nature, car les fourneaux furent chargés et les feux compassés sans que la circulation continuelle des paysans auxquels on distribuait des sacs de farine, et qui profitaient de leur entrée au fort pour enlever une foule d'autres objets, fut jamais interrompue.

Voici comment les fourneaux furent établis :

On donna généralement aux chambres des poudres, creusées dans la maçonnerie, 1^m^,00 de profondeur, 0^m^,70 de hauteur et 0^m^,60 de largeur. Elles furent presque toutes chargées avec des gargousses russes, et leur entrée fut fermée avec des plateaux de 0^m^,80 de largeur, 0^m^,80 de hauteur et 0^m^,10 d'épaisseur, formés de deux rangs de madriers; on étançonna solidement ces plateaux au moyen de corps d'arbres de 0^m^,20 à 0^m^,25 de diamètre.

Le grand hémicycle fut partagé en cinq parties. Pour détruire l'extrémité droite desservie par l'escalier n° 1, on établit quatre fourneaux dans l'épaisseur du mur de culée de la casemate *a ;* on disposa quatre autres fourneaux aux angles de la casemate *e*, dans l'épaisseur des pieds-droits, et l'on plaça en outre, sur le sol de la casemate et l'un à côté de l'autre, deux barils de poudre de 100 kilogrammes, afin de faciliter le soulèvement des voûtes surtout du côté extérieur; on étançonna avec des plateaux et des corps d'arbres, dans les deux casemates adjacentes à la casemate *e*, les portions des pieds-droits correspondant aux quatre fourneaux; enfin, on mit des barils de poudre, simplement placés sur le sol, dans les casemates *b* et *d*, ainsi que dans le compartiment *c* qui renfermait déjà un grand nombre d'obus russes chargés.

Pour faire sauter la partie correspondante à l'escalier 2, on plaça des barils de poudre sur le sol des compartiments *f* et *g*, et l'on établit dans la casemate *h* quatre fourneaux disposés comme ceux de la casemate *e*; mais on ne mit pas de poudre au milieu de la casemate *h* attendu qu'à la demande des Anglais il fut convenu que l'on ménagerait les six casemates de l'escalier n° 3, afin de permettre à la flotte de faire sur cette partie des expériences sur le tir en brèche.

Dans la partie centrale, on prit pour la casemate *i* les mêmes dispositions que pour la casemate *h*, pour la casemate *l* les mêmes dispositions que pour la casemate *e*, et l'on plaça des poudres dans les compartiments *j* et *k*, comme on avait fait pour les escaliers n^os^ 1 et 2.

Pour détruire la partie correspondante aux escaliers n° 5 et 6, on mit des barils de poudre dans les compartiments *m*, *n*, *p* et *q*, et l'on organisa la casemate *o* comme les casemates *e* et *l*.

Enfin, on établit dans les casemates de l'extrémité gauche de l'hémicycle, desservie par l'escalier n° 7, le même dispositif que dans celles de l'escalier n° 1.

Pour le fer à cheval, la baie des pieds-droits étant plus petite et percée vers leur extrémité, on se contenta de placer des barils de poudre sur le sol des casemates $r$, $s$, $u$, $v$, $y$, et des magasins $t$ et $x$.

Quant aux pavillons d'officiers, une assez grande quantité de bois ayant été employée dans leur construction, et leur étage supérieur étant blindé avec plusieurs rangs de fortes poutres, on eut recours à l'incendie pour détruire ces bâtiments; à cet effet on organisa un foyer d'incendie F vers chaque extrémité des pavillons A et B. Toutefois pour pratiquer dans chacun d'eux une large brèche et assurer ainsi la destruction de leurs maçonneries, on plaça des barils de poudre dans les magasins situés sous les escaliers, au centre de ces pavillons.

Le dessin n° 3 montre le dispositif des fourneaux que nous venons de décrire, ainsi que le compassement des feux. Les saucissons reposaient partout sur une file de madriers placés bout à bout. La quantité de cordeau porte-feu que l'on possédait ne permettant pas de réunir les extrémités des transmetteurs du feu en un seul point, les compassements de droite et de la partie centrale de l'hémicycle furent réunis au point X; ceux de gauche et du fer à cheval au point Y. Les fourneaux du fer à cheval furent compassés entre eux au moyen de cinq saucissons de 42 mètres de longueur, aboutissant tous en un même point Z; ce point fut ensuite relié au point Y.

Les foyers d'incendie F, placés aux extrémités des pavillons A et B sous les bois que l'on avait transportés au rez-de-chaussée de ces bâtiments, furent établis au moyen de roches à feu et de pulvérin ; on devait y mettre le feu par des bouts de saucisson de $2^m,00$ de longueur dont l'une des extrémités était noyée dans le pulvérin, et dont l'autre reposait sur l'appui d'une fenêtre.

Les bouts des transmetteurs du feu réunis aux points X, Y et Z furent fixés dans de petites boîtes sans couvercle au moyen de rainures pratiquées sur les côtés. On remplit ces boîtes de pulvérin et l'on y fixa des bouts de mèche anglaise de $5^m,00$ de longueur ; des bouts de $2^m,00$ de longueur de cette même mèche, dont on ne saurait trop recommander l'usage, furent fixés aux extrémités des saucissons aboutissant aux foyers d'incendie des pavillons d'officier. On prit aussi la précaution de répandre du pulvérin sur les nombreuses jointures des saucissons.

Le tableau suivant indique les charges de poudre employées pour les différents fourneaux, ainsi que les longueurs des divers transmetteurs du feu.

| DÉSIGNATION des différentes parties du Fort. | Nos des Escaliers. | DÉSIGNATION des Casemates. | NOMBRE DE FOURNEAUX placés dans les pieds-droits | placés sur le sol. | Charge totale de chaque espèce de fourneau. |
|---|---|---|---|---|---|
| Hémicycle. | 1 | *a* | 2 de 125k. | » | 250 k. |
| | | | 2 de 75 | » | 150 |
| | | *b* | » | 1 | 500 |
| | | *c* | » | 1 | 300 |
| | | *d* | » | 1 | 500 |
| | | *e* | 4 de 125 | » | 500 |
| | | | » | 1 | 200 |
| | 2 | *f* | » | 1 | 350 |
| | | *g* | » | 1 | 600 |
| | | *h* | 4 de 125 | » | 500 |
| | 3 | » | » | » | » |
| | 4 | *i* | 4 de 125 | » | 500 |
| | | *j* | » | 1 | 350 |
| | | *k* | » | 1 | 600 |
| | | *l* | 4 de 125 | » | 500 |
| | | | » | 1 | 200 |
| | 5 et 6 | *m* | » | 1 | 300 |
| | | *n* | » | 1 | 600 |
| | | *o* | 4 de 125 | » | 500 |
| | | | » | 1 | 200 |
| | | *p* | » | 1 | 300 |
| | | *q* | » | 1 | 600 |
| | 7 | *e'* | 4 de 125 | » | 500 |
| | | | » | 1 | 200 |
| | | *c'* | » | 1 | 300 |
| | | *d'* | » | 1 | 500 |
| | | *b'* | » | 1 | 500 |
| | | *a'* | 2 de 125 | » | 250 |
| | | | 2 de 75 | » | 150 |
| Fer à cheval. | » | *r* | » | 1 | 700 |
| | » | *s* | » | 1 | 600 |
| | » | *t* | » | 1 | 350 |
| | » | *u* | » | 1 | 800 |
| | » | *v* | » | 1 | 600 |
| | » | *x* | » | 1 | 350 |
| | » | *y* | » | 1 | 600 |
| Pavillon A. | unique. | sous l'escalier. | » | 1 | 300 |
| Pavillon B. | unique. | sous l'escalier. | » | 1 | 300 |
| Tour de Prestô. | » | *a* | » | 1 | 800 |
| | | *b* | » | 1 | 355 |
| | | *c* | » | 1 | 575 |
| | | *d* | » | 1 | 575 |
| | | *e* | » | 1 | 575 |
| | | *f* | » | 1 | 120 |
| Tour du Nord. | » | *a* | » | 1 | 450 |
| | | *b* | » | 1 | 200 |
| | | *c* | » | 1 | 200 |
| | | *d* | » | 1 | 500 |
| | | *e* | » | 1 | 350 |
| Totaux. . . . | » | » | 32 | 38 | » |

| Charge totale [...]cée dans chaque [...]semate. | TOTAL des poudres employées pour chaque partie du fort. | LONGUEUR des saucissons | LONGUEUR du cordeau porte-feu. | OBSERVATIONS. |
|---|---|---|---|---|
| 400 | | | | Les deux fourneaux de 125 k. étaient placés contre les murs de façade. |
| 500 | | 166m,45 | 126m,00 | |
| 800 | | | | |
| 700 | | | | |
| 950 | | 83,95 | 80,00 | |
| 500 | | | | |
| » | | » | » | La partie correspondante à cet escalier a été réservée pour faire des expériences de tir. |
| 500 | | | | |
| 950 | | | | |
| 700 | 10900 kil. | 136,45 | 135,00 | |
| 900 | | | | |
| 700 | | 122,50 | 125,00 | |
| 900 | | | | |
| 700 | | | | |
| 800 | | 166,45 | 126,00 | |
| 500 | | | | Les deux fourneaux de 125 k. étaient placés contre les murs de façade. |
| 400 | | | | |
| 700 | | | | |
| 950 | | | | |
| 800 | 4000 | 235,00 | 78,00 | |
| 950 | | | | |
| 600 | | | | |
| 300 | 300 | 36,60 | 30,00 | Sur les 36m,60 de saucisson il y en avait 4m,05 pour la communication du feu aux foyers d'incendie. |
| 300 | 300 | 36,60 | 30,00 | Même observation. |
| 800 | | | | |
| 355 | | | | |
| 575 | | | | Les poudres étaient en 1300 gargousses placées en tas sur le sol. |
| 575 | 3000 | 150,00 | 25,00 | |
| 575 | | | | |
| 120 | | | | |
| 450 | | | | Les poudres étaient en barils de 50 et de 100 kil.; ces barils ont été simplement juxta-posés au milieu des casemates. |
| 200 | | | | |
| 200 | 1700 | 130,00 | 25,00 | |
| 500 | | | | |
| 350 | | | | |
| » | 20,200 k. | 1262m,00 | 780m,00 | » |

Toutes les dispositions que nous venons d'indiquer étant terminées, le 2 septembre à 7 heures du soir, heure désignée par le général en chef pour la destruction du grand réduit de Bomarsund, le capitaine Barrabé, qui avait suivi tous les détails d'exécution de ce vaste système avec le plus grand zèle, fit donner le feu en sa présence par cinq sous-officiers de sa compagnie, et il ne se retira qu'après s'être assuré que le feu était mis à tous les bouts de mèche anglaise. Les troupes des deux nations, rangées sur les hauteurs environnantes ou sur les ponts des navires mouillés dans la rade, et une partie des habitants des îles d'Aland, attendaient en silence, les yeux fixés sur la forteresse, le spectacle de cette grande destruction. Au bout de quelques minutes, une série d'explosions presque simultanées fit sauter la majeure partie de l'hémicycle, ainsi que le centre des deux pavillons d'officiers. Un immense nuage de fumée, qui fut très-long à se dissiper, enveloppa complètement la forteresse. L'incendie se déclara avec une grande intensité dans les deux pavillons, et les toitures de l'hémicycle s'enflammèrent aussi sur plusieurs points.

Lorsque la fumée se fut dissipée on put juger des résultats obtenus. Les fourneaux qui avaient joué avaient produit tout l'effet qu'on en attendait, mais quelques-uns de ceux de l'hémicycle et tous ceux du fer à cheval n'avaient pas pris feu.

Pendant la nuit, l'incendie se propageant et les

explosions des bombes et des obus se succédant presque sans interruption, les fourneaux de l'hémicycle partirent tous, sauf probablement un de ceux de l'escalier 7, mais le fer à cheval restait intact au milieu de ce vaste incendie.

Quoiqu'il y eût un grand danger à pénétrer dans le fort, le capitaine Barrabé offrit d'aller à la recherche des saucissons des cinq fourneaux qui n'étaient pas partis pour les réunir et leur donner le feu. Le général commandant le génie, qui était déjà à bord du *Fulton,* jugeant qu'on ne pouvait pas laisser debout une portion aussi importante de la forteresse, acceptant la proposition du capitaine Barrabé, lui envoya, par le lieutenant-colonel Jourjon, l'ordre de tenter tout ce qui était possible pour faire sauter le fer à cheval. Ne se contentant pas de transmettre cet ordre, le lieutenant-colonel Jourjon, qui depuis le commencement du siége avait été au devant de tous les dangers, voulut s'associer à son exécution. Ces deux officiers accompagnés du lieutenant Groult, du sergent-major Laflèche et du sergent Bergerolle, entrèrent par une embrasure dans une des casemates du fer à cheval. Dans ce moment l'incendie qui se propageait au milieu des ruines atteignait la casemate extrême *y*, qui contenait un fourneau de 600 kilogrammes. La boîte Z était intacte; le cordeau réunissant les centres Y et Z n'avait pas transmis le feu; les cinq saucissons partant du point Z avaient été dérangés par les explosions. Les officiers et les sous-officiers qui avaient pénétré dans le fort se hâtèrent d'enlever le cordeau porte-feu de la boîte Z et de reconnaître et mettre en place les cinq saucissons du fer à cheval. On ne trouva que les deux extrémités du saucisson allant à la casemate *y*, la portion centrale avait probablement été arrachée et puis enflammée par l'effet d'une des explosions. La fumée qui sortait de la casemate *y* ne permettait pas de songer à rétablir ce saucisson. On dut donc se contenter de fixer le plus vîte possible un bout de mèche anglaise à l'extrémité de chacun des quatre autres saucissons et d'y mettre le feu. L'explosion eut lieu cinq minutes après, mais le fourneau *u* ne joua pas. Celui de la casemate *y* partit une heure plus tard; et celui de la casemate *u* vers une heure de l'après-midi.

Il est difficile de donner des renseignements précis sur les effets produits par l'explosion des fourneaux, attendu qu'on n'a pu observer ces effets que d'une assez grande distance ; l'incendie qui avait envahi toutes les parties de la forteresse, la fumée noire et épaisse qui s'en échappait, les bombes et les obus qui éclataient à chaque instant rendaient l'approche de ces ruines tout à fait impossible. Le temps, d'ailleurs, manquait ; cependant des croquis faits à la hâte permettent de donner les indications suivantes :

1° **Hémicycle**. De la culée de droite à l'escalier n° 1, il n'était resté debout qu'un pied-droit aux trois-quarts ruiné. Entre l'escalier 1 et la casemate *e* il restait un pied-droit qui maintenait une portion de façade extérieure comprenant deux fenêtres à chaque étage. Entre la casemate *e* et l'escalier n° 2, il restait de même une partie de façade extérieure comprenant deux embrasures à chaque étage. Entre l'escalier n° 2 et la casemate *h*, un pied-droit et une partie de façade extérieure comprenant une embrasure à chaque étage s'étaient maintenus. Les six casemates que les Anglais avaient demandé qu'on leur réservât pour leurs expériences sur le tir en brèche, avaient été bien conservées dans l'emplacement désigné. Entre la casemate *i* et l'escalier n° 4, il ne restait qu'une petite portion de façade extérieure correspondant à un pied-droit. Le même effet s'était produit entre l'ecalier n° 4 et la casemate *l*, ainsi qu'entre cette casemate et l'escalier n° 5. Un pied-droit s'était également maintenu entre l'escalier n° 5 et la casemate *o*, et la portion de façade y attenante était un peu plus large que pour les trois précédentes. Au milieu de l'intervalle compris entre la casemate *o* et l'escalier n° 6, trois pieds-droits consécutifs étaient restés debout. Cet effet s'explique par la présence dans ces casemates d'une grande quantité de sacs de farine qui en remplissaient presque complètement l'intérieur, et formaient ainsi un bourrage très-solide. Entre l'escalier n° 6 et la casemate *e'* il restait debout une casemate. Si la démolition de cette partie du fort a été un peu moins complète que celle de la partie correspondante à droite, cela tient probablement à ce que la charge placée sous l'escalier n° 6 n'était que de 900 kilogrammes, tandis que celle placée sous l'escalier n° 2 était de 950 kilogrammes. Enfin, près de l'escalier n° 7, on voyait deux casemates qui paraissaient intactes. Il est probable que l'un des fourneaux placés sous cet escalier n'est pas parti. Les quatre casemates extrêmes avaient tout à fait disparu.

2° **Fer à cheval.** Au moment où le capitaine Barrabé a quitté les lieux pour s'embarquer, le fourneau de la casemate *u*, de 800 kilogrammes, n'avait pas encore pris feu. Il ne restait debout qu'un pied-droit entre les casemates *x* et *y*, et la partie centrale du fer à cheval que devait détruire le fourneau de la casemate *u*. On n'a pu juger de l'effet de ce dernier fourneau, mais tout porte à croire qu'il a achevé la destruction du fer à cheval.

3° **Pavillons A et B.** Les fourneaux placés sous les escaliers avaient fait une large brèche au centre de chacun de ces pavillons. Au moment du départ, l'incendie achevait de ruiner ces bâtiments.

En résumé, malgré toutes les incertitudes que laisse dans chaque cas particulier la démolition des maçonneries par la mine, malgré surtout le peu de temps et de ressources dont on a pu disposer, le but que l'on se proposait a été pleinement atteint. Les six casemates demandées par les Anglais sont restées debout; les poudres n'ayant pas été employées en trop grande quantité aucun débris lancé au loin n'a atteint ni les troupes ni les navires mouillés dans la rade, et la forteresse de Bomarsund ne présente plus qu'un amas de ruines impossibles à réédifier, et dont toutes les pierres éparses, exfoliées pour la plupart par l'action du feu, ne peuvent plus être utiles, car le granit de la Baltique a cette propriété remarquable que dès qu'il est exposé à une température élevée, il se décompose par éclats et tombe en poussière.

# COMPOSITION

DU

# CORPS EXPÉDITIONNAIRE

## DE LA BALTIQUE.

---

Général de division Baraguey-d'Hilliers, commandant en chef.
Capitaines d'état-major Melin et Foy, aides-de-camp.
Général de division Niel, en mission spéciale, commandant le génie au corps expéditionnaire.
Capitaines du génie Petit et Parmentier, aides-de-camp.
Colonel de Gouyon de Saint-Loyal, chef d'état-major.
Capitaines Granthil et de Jouffroy, adjoints.
Sous-Intendant militaire Lecauchois-Féraud.
Adjoint de 1re classe Vigo-Roussillon.
Médecin principal Fénin.

### ARTILLERIE.

| | | |
|---|---|---|
| État-Major. | | Lieutenant-colonel de Rochebouët, commandant l'artillerie.<br>Chef d'escadron de Metz.<br>Capitaine en 2e, Vasse Saint-Ouen.<br>Lieutenant en 1er du 14e régiment, Pinot. |
| Troupes. | 4e Batterie du 1er régiment. | Verdin Laverdet, capitaine en 1er, commandant.<br>Fagueret, capitaine en 2e.<br>Léopold, lieutenant en 1er.<br>Nouel, lieutenant en 2e. |
| | 14e Batterie (*bis*) du 1er régim., Gabé, lieutenant en 1er. | |

## ARTILLERIE DE MARINE,

Chef de bataillon FRÉBAULT, commandant.
1re Compagnie, REGNAUD, capitaine en 1er, commandant.
2e id. HERNOUX, id.

## GÉNIE.

| | | |
|---|---|---|
| État-Major. | Lieutenant-colonel JOURJON.<br>Chef de bataillon CADART.<br>Capitaine KARTH. | |
| Troupes. | 6e comp. du 1er bat. du 1er régim. | BARRABÉ, capitaine en 1er, commandant.<br>ALQUIER BOUFFARD, capitaine en 2e.<br>GROULT, lieutenant en 1er.<br>DARRAS, sous-lieutenant. |

## PREMIÈRE BRIGADE.

Général D'HUGUES, commandant.

12e Bataillon de chasseurs à pied, chef de bataillon DE BRETTEVILLE.
3e Régiment d'infanterie de ligne, colonel DUCROT.
2e id. d'infanterie légère, colonel SUAU.

## DEUXIÈME BRIGADE.

Général GRÉSY, commandant.

48e Régiment d'infanterie de ligne, colonel VIDAL DE LAUZUN.
51e id. colonel PERRIN-JONQUIÈRE.

# PLAN DE LA FORTERESSE DE BOMARSUND

et des attaques dirigées contre elle du 8 au 16 Août 1854.



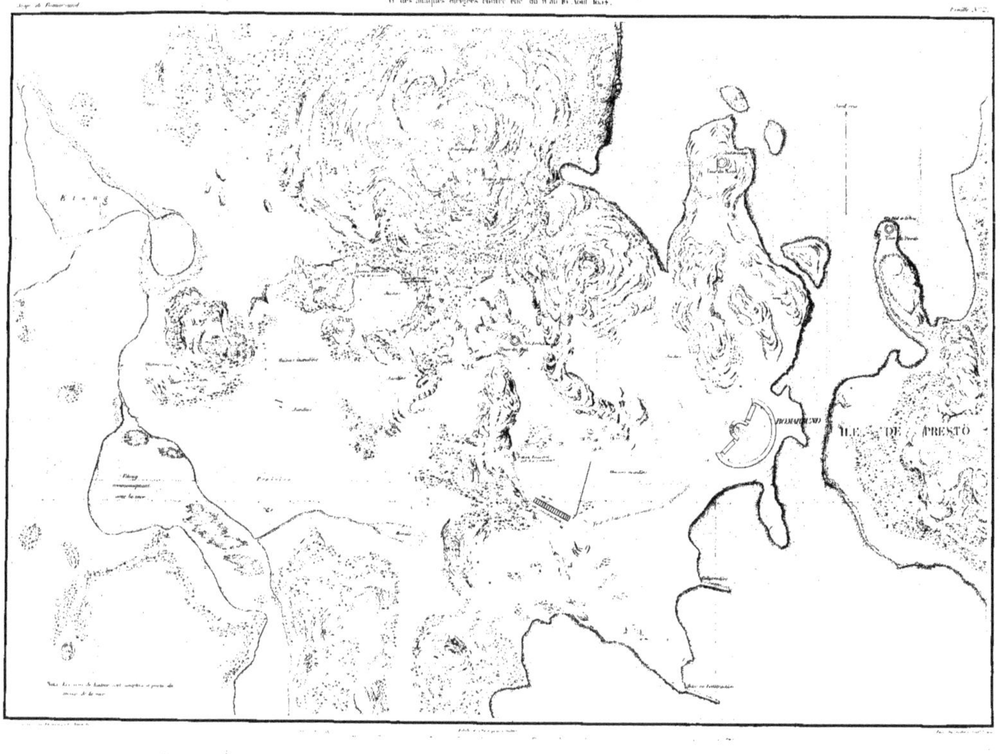

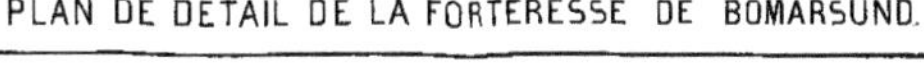

# PLAN DE DÉTAIL DE LA FORTERESSE DE BOMARSUND.



## Fort principal.

*Plan donnant le dispositif des fourneaux de mine employés pour la démolition du Fort et indiquant les parties restées debout après les explosions.*

(Fig. 1.)

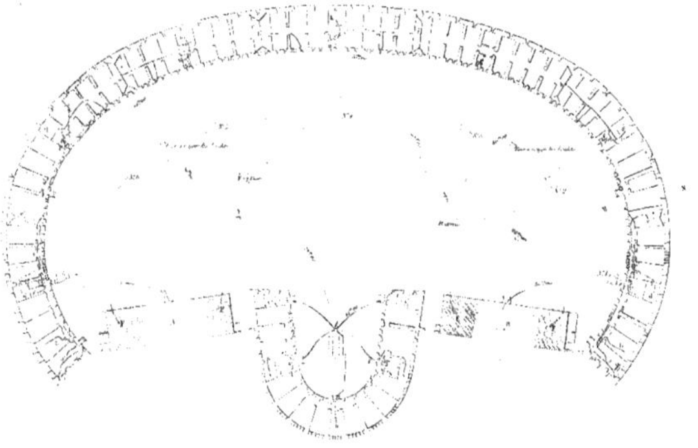

### Légende du fort principal.

[illegible]

## Tours extérieures.

(Fig. 2.)

*Élévation et Coupe suivant PQRS.*

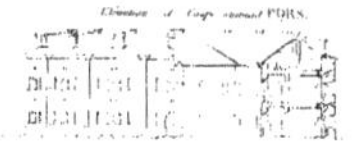

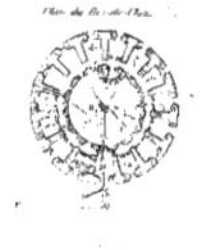

*Coupe suivant MN de la Figure 1.*

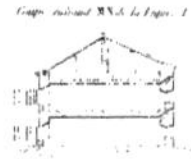

### Légende de la tour.

[illegible]

Échelle de ... pour les Plans.

Échelle de ... pour les Coupes.

## Vue de la forteresse de Bomarsund prise de la rade.

Feuille N° 4.

# PLAN DES ENVIRONS DE BOMARSUND.

Feuille N° 1.

Sund

ILE DE PRESTO

BOMARSUND

ILE DE MICHELSO

RADE DE LUMPAR

www.ingramcontent.com/pod-product-compliance
Ingram Content Group UK Ltd.
Pitfield, Milton Keynes, MK11 3LW, UK
UKHW012105240726
13965UKWH00004B/1550

9 782013 072380